This book belongs to:

For my little Else.
A kiss from your giant - C.N.

First published in 2004 by Macmillan Children's Books, London
First dual language publication in 2004 by Mantra Lingua

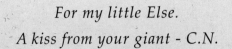

mantra

5 Alexandra Grove, London N12 8NU
www.mantralingua.com

CARL NORAC

INGRID GODON

Мой папа - великан

My Daddy is a Giant

Russian translation by Lydia Buravova

mantra

Мой папа - великан.
Когда я хочу обнять его,
мне нужно взобраться по лестнице.

My daddy is a giant.
When I want to cuddle him,
I have to climb a ladder.

Когда мы играем в прятки,
моему папе приходится
прятаться за гору.

When we play hide-and-seek,
my daddy has to hide
behind a mountain.

А когда устают облака,
они прилетают и спят
на папиных плечах.

And when the clouds are tired,
they come and sleep
on my daddy's shoulders.

Когда мой папа чихает,
это как ураган,
который уносит море.

When my daddy sneezes,
it's like a hurricane.
It blows the sea away.

Когда мой папа смеётся,
это как ещё один ураган.
С деревьев облетают все листья.

When my daddy laughs,
it's like another hurricane.
All the leaves fly off the trees.

Птицы любят моего папу.
Они вьют гнезда
у него в волосах.

Birds love my daddy.
They make their nests
in his hair.

Когда мы играем в футбол,
мой папа всегда выигрывает.
Он может подбросить мяч до
самой луны.

When we play football,
my daddy always wins.

He can kick the ball as high as the moon.

Зато я всегда выигрываю у него в шарики.
У него пальцы очень уж большие.

But I always beat
him at marbles.
His fingers are
far too big.

Я люблю когда мой папа говорит: «Ты будешь таким же высоким как я!»

I like it when my daddy says, "You're getting as tall as me!"

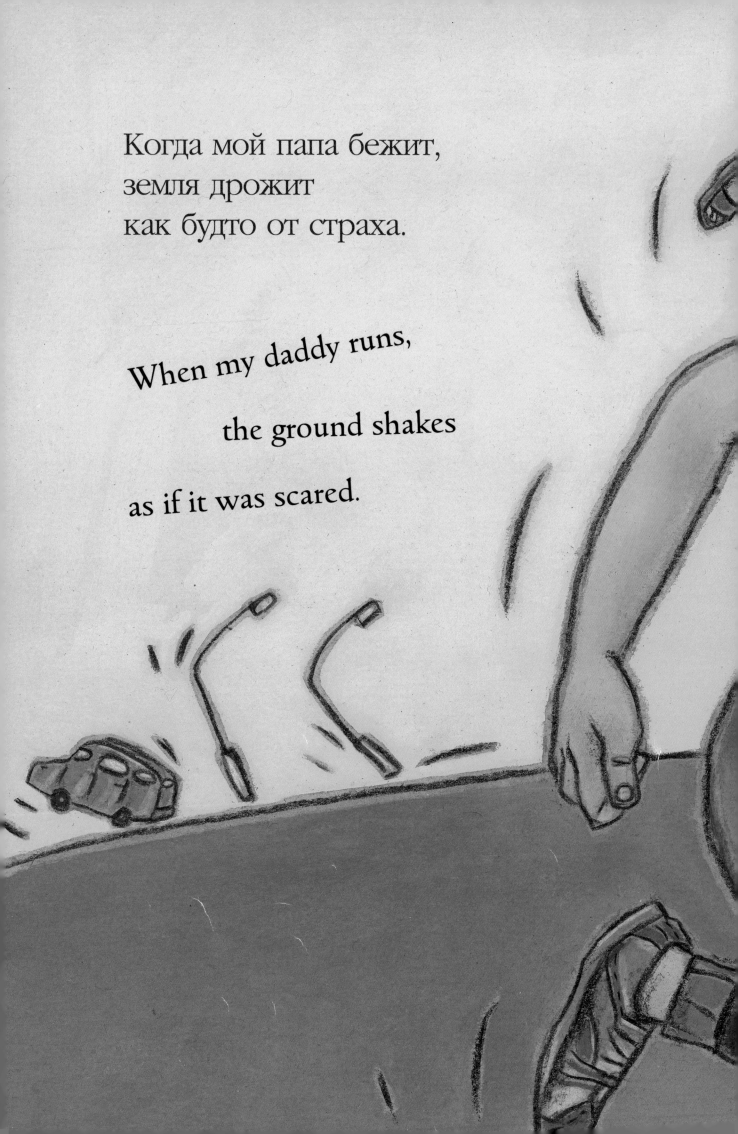

Когда мой папа бежит,
земля дрожит
как будто от страха.

When my daddy runs,

the ground shakes

as if it was scared.

Но мне не страшно
ничего, когда
я на руках у папы.

But I'm not scared
of anything when
I'm in my daddy's arms.

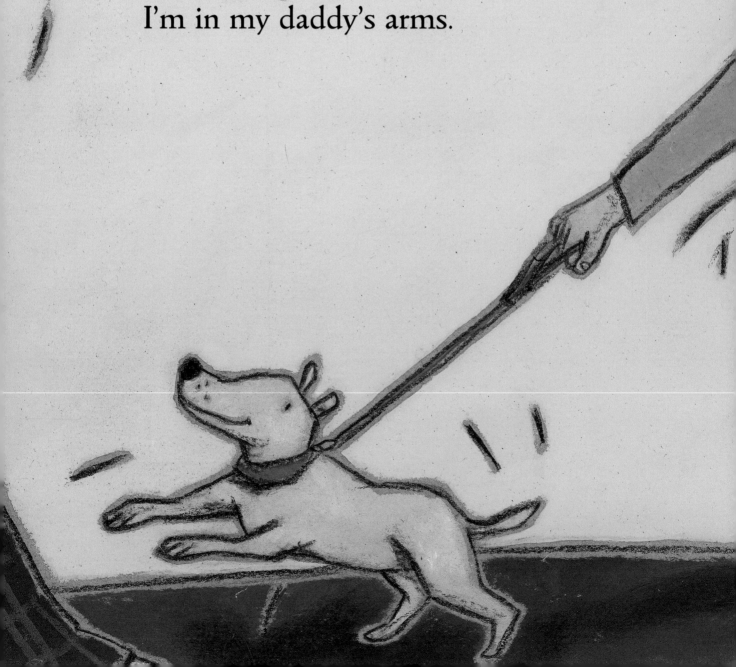

Мой папа - великан,
и он любит меня
всем своим великим сердцем.

My daddy is a giant,
and he loves me with
all his giant heart.